Pingo de Luz

Dados Internacionais de Catalogação na Publicação (CIP)
(Câmara Brasileira do Livro, SP, Brasil)

D'Assumpção, Gislaine Maria
  Pingo de luz : de volta à casa do Pai / Gislaine Maria D'Assumpção ; ilustrações de Suely Imaculada de Castro Peixoto. – Petrópolis, RJ : Vozes, 2024.

  ISBN 978-85-326-6848-6

  1. Cristianismo 2. Espiritualidade 3. Luto
  I. Peixoto, Suely Imaculada de Castro. II. Título.

24-205287   CDD-248

Índices para catálogo sistemático:
1. Espiritualidade : Cristianismo   248

Tábata Alves da Silva – Bibliotecária – CRB-8/9253

Gislaine Maria D'Assumpção

Pingo de Luz

De volta à casa do Pai

Com ilustrações de Suely Imaculada de Castro Peixoto

EDITORA VOZES

Petrópolis

© 1983, 2024, Editora Vozes Ltda.
Rua Frei Luís, 100
25689-900 Petrópolis, RJ
www.vozes.com.br
Brasil

Todos os direitos reservados. Nenhuma parte desta obra poderá ser reproduzida ou transmitida por qualquer forma e/ou quaisquer meios (eletrônico ou mecânico, incluindo fotocópia e gravação) ou arquivada em qualquer sistema ou banco de dados sem permissão escrita da editora.

CONSELHO EDITORIAL

Diretor
Volney J. Berkenbrock

Editores
Aline dos Santos Carneiro
Edrian Josué Pasini
Marilac Loraine Oleniki
Welder Lancieri Marchini

Conselheiros
Elói Dionísio Piva
Francisco Morás
Gilberto Gonçalves Garcia
Ludovico Garmus
Teobaldo Heidemann

Secretário executivo
Leonardo A.R.T. dos Santos

PRODUÇÃO EDITORIAL

Aline L.R. de Barros
Marcelo Telles
Mirela de Oliveira
Natália França
Otaviano M. Cunha
Priscilla A.F. Alves
Rafael de Oliveira
Samuel Rezende
Vanessa Luz
Verônica M. Guedes

Editoração: Marina Montrezol
Diagramação: Editora Vozes
Revisão gráfica: Anna Carolina Guimarães
Capa: Rafael Machado
Ilustração de capa: Suely Imaculada de Castro Peixoto

ISBN 978-85-326-6792-2

> Livro publicado anteriormente em dois volumes. Pingo de Luz – Vol. I, que teve 32 edições e Pingo de Luz – Vol. II – De volta à casa do Pai, que teve 18 edições.

Este livro foi composto e impresso pela Editora Vozes Ltda.

Sumário

Dedicatória... 7
A nova edição de Pingo de luz 9
Prefácio da primeira edição 13
Prefácio da segunda parte..................................... 15

Parte I, 17

Parte II, 49

Para depois da leitura 81
Perguntas 87

Dedicatória

Dedico este livro, com muito amor, a:

Mãezinha, Iná, minha primeira professora.

Aos três Pingos de Luz que me escolheram para ser a sua primeira professora: Flávio, Kátia, Karla.

Aos demais seres de luz que estão sempre presentes em minha vida.

Aos meus amigos cheios de amor e alegria: os anjos.

Agradeço aos meus colegas de classe, meus clientes, o muito que com eles aprendi.

À minha querida filha e secretária Kátia, agradeço sua carinhosa dedicação em digitar os originais deste livro.

Ao meu primeiro editor, Frei Neylor, o estímulo e carinho.

À Isabel Cestari, nossa querida Bel, madrinha do Pingo de Luz, que tem zelado por ele desde o seu nascimento.

A nova edição de Pingo de luz

O desejo de fazer este livro surgiu de meu contato direto com a criança e a morte, em um trabalho realizado durante um ano no Hospital das Clínicas e durante três anos na Santa Casa de Misericórdia, ambos em Belo Horizonte.

Surgiu, também, de meu trabalho diário no consultório de psicologia clínica, com regressão, morte e prevenção de suicídio, e do contato constante com as dificuldades de meus clientes em lidar com as perdas e com a morte.

Nessas atividades, fui confirmando que tais problemas são oriundos de experiências de morte na infância, e os adultos não sabem lidar com tal situação. Os adultos carecem de uma orientação para lidar com coisas tão essenciais como a vida e a morte.

Na minha jornada por este maravilhoso Planeta Terra, sinto-me ligada a tudo e todos, como uma diminuta parcela de um todo muito grande. Sinto infinitamente grande a ligação com os seres que já não estão presos na dimensão tempo x espaço, de maneira muito especial. São esses seres que sopram no meu ouvido o que eles querem transmitir para as crianças de 3 a 90 anos.

Como eles estão fora do tempo e do espaço, escolheram soprar essas coisas no meu ouvido de madrugada. O Pingo de Luz chegou em uma madrugada; uma hora da manhã. Pingo de Luz, de volta à Casa do Pai, também chega em uma madrugada, sete anos depois; uma hora da manhã!

Sinto-me honrada e agradecida por ter sido escolhida para transmitir esses conhecimentos às crianças de todas as idades.

Trabalhando com dependentes químicos e pacientes terminais, a minha preocupação sempre foi como prepará-los para a grande viagem de volta.

No caso dos dependentes químicos, eles não têm consciência do processo; chegam à eternidade drogados – o que é dar uma longa volta por caminhos difíceis. Leva um tempo até que a consciência deles volte ao normal e possam sentir o infinito amor, dando continuidade ao processo de aprendizado e evolução.

Com os pacientes terminais, minha vivência tem sido de uma qualidade especial. Nesse momento tão importante de suas vidas, a relação que estabelecemos com eles é de essência para essência, de ser de luz para ser de luz. Sou grata à vida por ter-me ofertado a oportunidade de viver o amor em plenitude.

A minha função é acompanhá-los nessa etapa da jornada e dar informações que normalmente não se encontram disponíveis para a maioria das pessoas: amá-los e viver um pouco com eles esses momentos. Nesse acompanhamento, fico muito atenta a seus pensamentos e suas emoções, pois o último pensamento que temos antes da partida é que determina para onde vamos depois da passagem.

Desejo de todo o coração que este livro continue levando alento e esperança aos corações de todos que tiverem contato com ele, seja ao tomarem conhecimento de um diagnóstico de uma doença grave, seja diante da perda de entes queridos. Pretendo orientar a criança para a vida, o que só pode ser feito orientando também a criança para a morte.

Quem teme a morte teme a vida, pois Vida e Morte, são duas faces de uma mesma moeda: a Existência.

Depois de 41 anos da primeira edição do Pingo de Luz, constatamos que ele fez parte da infância de muitas pessoas, preparando-as para a vida, além de ter ajudado muitas outras a lidar com perda de entes queridos, com a consciência da própria finitude diante de uma doença grave ou de outras grandes perdas.

Hoje, com 81 anos de idade e uma experiência de 50 anos de psicoterapeuta, senti a necessidade de colocar os dois livros; *Pingo de Luz* e *De volta à casa do Pai*, em um só volume. O primeiro volume trata da chegada do Pingo de Luz ao Planeta Terra, de suas experiências, até o dia de sua volta à casa do Pai. O segundo volume trata da sua chegada à casa do Pai, do pós-morte e de sua vida nessas dimensões espirituais. Acrescentamos algumas orientações para os pais e os educadores, como: levar ou não uma criança ao velório e ao sepultamento de um ente querido; como ajudar uma criança a viver o luto de um ente querido ou de um animalzinho de estimação, enfim, algumas questões que nos foram apresentadas nestes anos.

Alguns esclarecimentos se tornam necessários.

A ausência em nosso sistema educacional de uma educação para a vida é uma falha que deve ser corrigida. A criança precisa aprender as leis que regem o universo, só assim poderá respeitá-las. Deve ser ensinado a ela o que é realidade, não apenas a realidade concreta, conceptual, que percebemos com os nossos cinco sentidos, mas a realidade maior, que as novas descobertas da física moderna têm nos mostrado e que as tradições espirituais nos apresentam desde o início dos tempos.

Pingo de Luz é um livro que tem seu embasamento teórico na psicologia transpessoal. Essa linha da psicologia trabalha com os diversos aspectos do ser humano: Corpo, Mente, Emoções e Energia, entrando, assim, no campo da espiritualidade, sem, contudo, tomar posição diante desta ou daquela religião.

Por sua forma e seu conteúdo, o livro *Pingo de Luz*, mesmo sem se posicionar dentro desta ou daquela crença religiosa, abre caminho para todas elas, cabendo ao leitor refletir à luz de sua fé nos fatos narrados.

Abre, também, um enorme campo para que se façam discussões em grupos, seja de colégios, seja de igrejas, seja de simples pessoas interessadas, ficando para o orientador desses grupos estimular o estudo do conteúdo.

Desejamos que este livro ajude crianças e adolescentes a compreender um pouco mais deles mesmos e da realidade em que vivem, para que assim possam viver em harmonia com tudo e todos.

Não tem, exatamente por isso, qualquer pretensão de fazer proselitismo religioso. É um livro que fala da existência e, por isso, é um livro existencial.

O mais importante para os adultos que vão orientar a criança sobre a morte é já terem trabalhado suas próprias questões com ela. A nossa cultura não lida bem com esse tema.

O *Pingo de Luz* foi exposto no VII Congresso da ITA – Associação Internacional Transpessoal, realizado em Davos, na Suíça, de 27 de agosto a 2 de setembro de 1983, com a presença de 1.200 pessoas. Foi o único trabalho brasileiro apresentado.

Prefácio da primeira edição

A morte é um verdadeiro tabu para o homem ocidental. Desde que comecei a estudar e a fazer palestras sobre o assunto, fui descobrindo quanto a angústia dos dias atuais estava relacionada ao medo da morte. E, a cada dia, descobria quanto estão angustiados os meus irmãos, os homens.

Dizem que "é de pequenino que se torce o pepino". E são justamente as crianças aquelas que mais sofrem com as mentiras e os receios dos adultos em relação à morte.

Falar da morte para as crianças é hoje muito mais difícil do que falar de sexo.

E é esta outra grande angústia dos adultos: como falar dessa realidade indiscutível de nossas vidas às crianças?

A Gislaine, com seus conhecimentos, sua experiência e sua criatividade, descobriu esta maneira. Um modo fácil, direto e, por que não dizer, absolutamente real.

Recordo-me de que, ainda casados, a ideia desta história, que já vinha amadurecendo em sua mente, em uma madrugada floresceu em sua plenitude, e, de um só fôlego, nasceu o *Pingo de Luz*. Eu e nossos filhos fomos seus primeiros críticos. E a mim foi dado prefaciá-lo.

A mãe zelosa e reflexiva, já psicóloga, tornou-se a escritora que se lê nestas linhas.

Evaldo A. D'Assumpção
Presidente da Academia Mineira de Medicina (2006-2008)
Fundador e 1º Presidente da Sociedade de Tanatologia de MG (1998-2002)
Autor de vários livros sobre Biotanatologia publicados pela Vozes

Prefácio da segunda parte

Quem escreveu *Pingo de Luz* não precisa de prefácio, pois seus leitores vão comprar e devorar este volume, uma vez que adoraram o primeiro. Logo, estou escrevendo para quem não leu *Pingo de Luz*.

"A morte não existe... Que coisa fabulosa!... Estou fora do tempo... Tudo é eterno."

Quem escreve linhas assim já passou por estados especiais da consciência e sabe por experiência do que está falando. Ao ler este volume, você vai perder o medo da morte, pois é o equivalente do *Bardo Thödol* para crianças e, por que não, para adultos.

O que está descrito aqui é baseado tanto em observações e pesquisas das grandes tradições espirituais de todos os tempos quanto em dados mais recentes, obtidos em laboratórios universitários de parapsicologia e psicologia transpessoal, área em que Gislaine D'Assumpção é uma das pioneiras no Brasil.

Desejo à segunda parte de *Pingo de Luz* mais sucesso ainda do que a primeira, pois o merece. E não tenham dúvidas: tudo em última instância é um grande Espaço Luminoso, que nos permeia e nos compõe, seja em corpo ou em espírito, pois esta última dualidade é apenas aparente...

Prof. Pierre Weil

Parte I

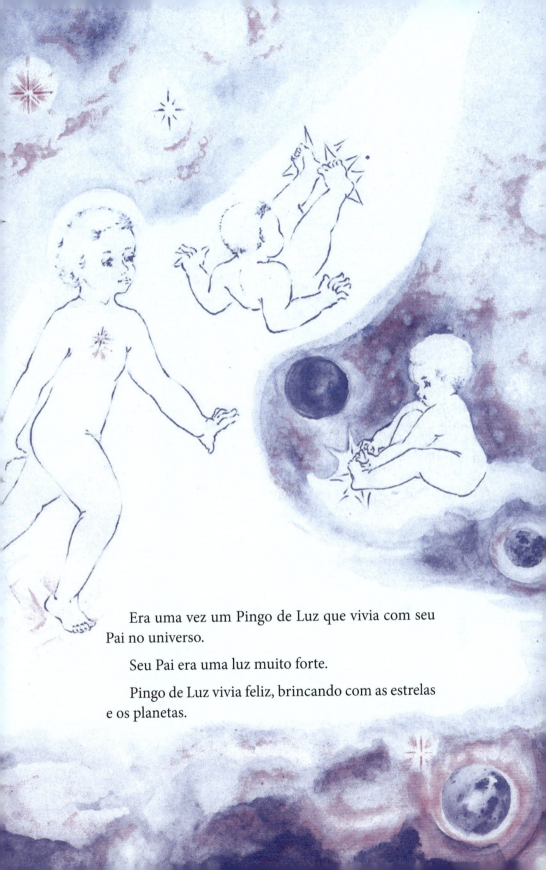

Era uma vez um Pingo de Luz que vivia com seu Pai no universo.

Seu Pai era uma luz muito forte.

Pingo de Luz vivia feliz, brincando com as estrelas e os planetas.

De vez em quando pegava uma carona na cauda de um cometa e ia longe, longe... Era essa a brincadeira de que ele mais gostava!

Mas também adorava escorregar no arco-íris, deslizando entre suas cores luminosas. Milhares de brincadeiras ele podia fazer entre as galáxias, mas o gostoso mesmo era agarrar-se na cauda de um cometa e percorrer velozmente o espaço, divertindo-se com as estrelas por que passava.

Não era fácil pegar aquela carona. Os cometas passavam muito rápido, e era preciso ser esperto para saltar neles.

Mas Pingo de Luz era o melhor pegador de carona do universo. Ele não perdia um só cometa!

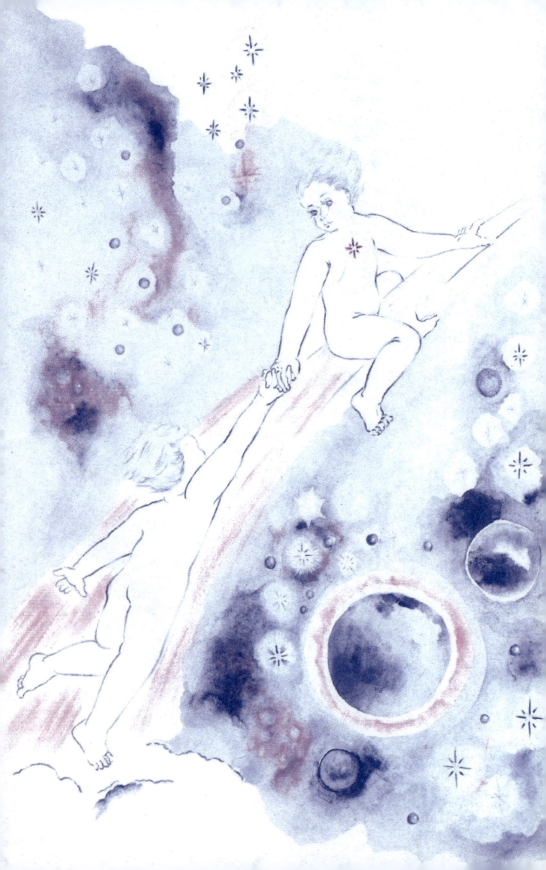

Pingo de Luz tinha muitos irmãos e irmãs.

Seus irmãos mais velhos iam à escola, e ele ficava com uma enorme vontade de ir também.

A escola é um planeta muito grande e bonito. Ele é todo azul e se chama Terra.

Lá de cima, ele ficava observando este planeta e sentia uma enorme atração por ele.

Depois de um certo período, seus irmãos voltavam da escola. Uns ficavam mais tempo, outros menos. Às vezes, muito pouco tempo. Mas todos, quando voltavam, já não eram Pingos de Luz. Eram uma luz bonita, muito brilhante. E assim já podiam ajudar a seu Pai, que tinha muito que iluminar.

Pingo de Luz também queria crescer. Queria ir à escola, aprender e um dia ser uma luz muito forte para também ajudar seu Pai.

Finalmente chegou o dia de Pingo de Luz partir para a escola. Ficou muito feliz e se aprontou direitinho. Estava lindo e brilhando muito!

Seu Pai pediu que um dos irmãos mais velhos o acompanhasse até a escola. Afinal, era o seu primeiro dia e não seria bom que fosse sozinho.

Ao irmão mais velho, o Pai recomendou todo o cuidado e pediu que o entregasse direitinho à pessoa que iria cuidar dele na escola.

Pingo de Luz não cabia em si de contente. Segurando a mão de seu irmão, esperou passar um cometa que ia em direção ao Planeta Terra, e saltaram em sua cauda.

Desceram bem perto da escola Terra.

Seu irmão lhe mostrou muitas luzes brilhando na escola e lhe disse:

– Pingo de Luz, você está vendo todas aquelas luzes brilhantes?

– Sim, estou.

– E qual delas você quer para ser a sua primeira professora?

– Bem, deixe-me ver… Já sei! É aquela ali, muito bonita! Aquela azul e rosa! É ela quem eu quero para me ensinar!

– Então vou entregá-lo a ela. Ela cuidará de você com muito amor e carinho. Você a chamará de mãe. Pode ir agora!

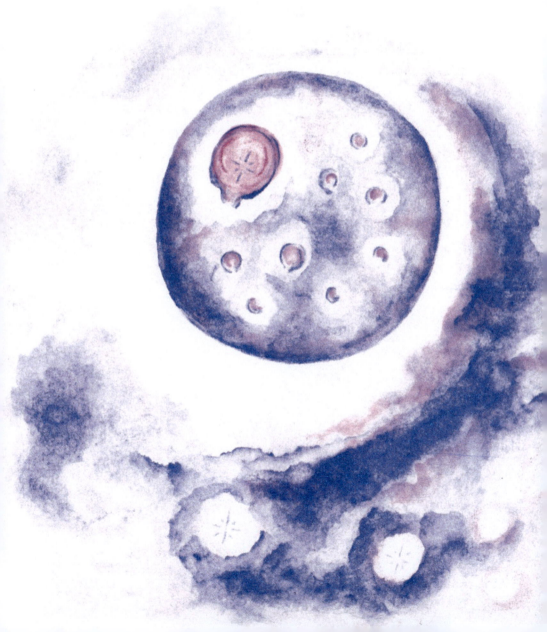

Pingo de Luz voou direto para a luz azul e rosa que havia escolhido. E se encontrou num lugar gostoso, quentinho, fofinho. Uma delícia!

"Como é espaçoso", pensou ele. "Aqui tem muita luz, uma luz alaranjada que me faz muito bem. Acho que vou me dar bem aqui."

Pingo de Luz estava começando a gostar da escola. Ele ainda não vira o rosto de sua mãe, mas já conversava com ela. E ficava muito feliz quando ela conversava com ele.

O tempo foi passando, passando. Pingo de Luz gostava muito do lugar onde estava. Mas um dia notou que começava a ficar apertado.

Ele não entendia o que estava acontecendo. Teve a impressão de que aquele lugar tão gostoso começara a diminuir. Ele já não podia nadar nem boiar como gostava de fazer. E a cada dia ficava mais apertado. Suas costas já estavam bem encostadas na parede, e ele já não se sentia tão confortável.

Pingo de Luz não estava gostando nada disso.

"Mas que chato! Estava tão bom aqui! Eu tinha tudo de que precisava: comida, calor, espaço. Podia boiar, nadar e até ouvir a música do coração da mamãe. Podia conversar com ela, e tudo estava tão bem! Mas mudou de repente! Estão apertando cada vez mais! Que brincadeira boba!"

– Parem com isto! – gritou Pingo de Luz.

Mas não adiantou nada. Parece que nem o ouviram.

"A coisa está ficando séria", pensou. "Acho que estão querendo me expulsar daqui. Mas eu não quero sair. Eu não quero sair! Socorro! Socorro!

"Agora estão me empurrando! Para onde vou? Não vejo nenhuma saída! Puxa vida! E agora? O que vou fazer? Que situação difícil! Estou todo doendo... Não aparece ninguém para me ajudar! Socorro! Socorro!

"É, não tem jeito mesmo... Tenho que me virar. Tenho de achar uma saída!"

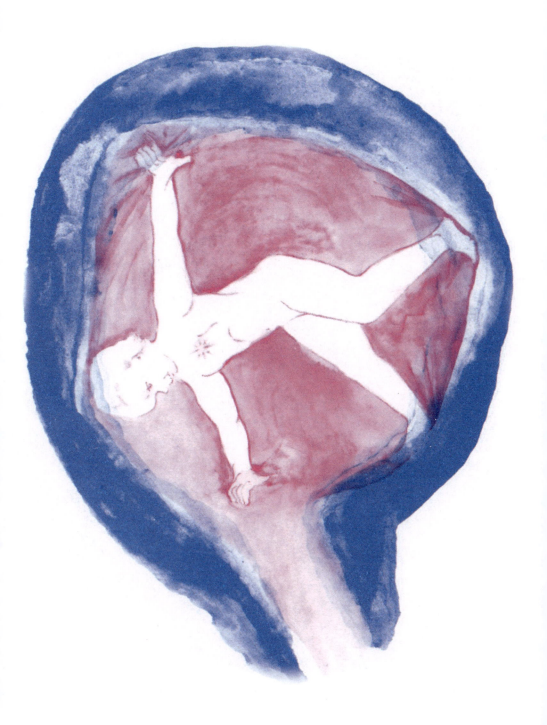

"Espere, parece que encontrei! Ali está um túnel, e lá adiante existe uma luz! Vou tentar sair por ele. Mas… é tão estreito! Será que vou conseguir? Não tenho escolha. Aqui não dá para ficar. Tenho que sair é por ali mesmo…"

E lá se foi o Pingo de Luz, retorcendo-se, fazendo força, sendo empurrado, mas passando pelo túnel.

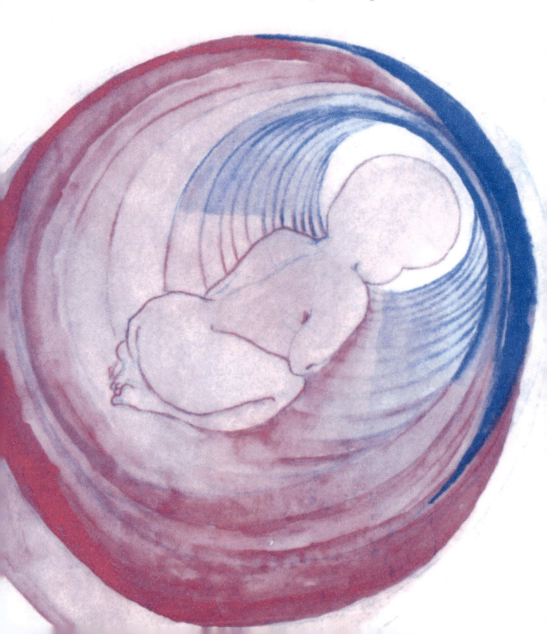

– Consegui! Consegui! – gritava Pingo de Luz.

"Que alívio", pensou. "Quanta luz aqui fora! Mas onde estou? Que lugar grande! É bonito! E eu que pensei que onde eu estava era a escola! Agora, sim, acredito estar na escola! Quanta gente para me receber! E como estão alegres! Eu chorei de susto quando cheguei, mas agora eu estou alegre também!

"Que bobo eu fui de não querer sair de onde eu estava! Lá era muito bom, mas aqui parece ser bem melhor! Também ninguém me contou que aqui era maior e mais bonito! Nem que eu poderia aprender mais aqui fora. Aliás, eu bem que já andava desconfiado, pois onde estava era uma escola muito fácil. Eu estava era numa boa vida…"

"Agora preciso aproveitar bem esta nova escola. Vou iniciar uma vida nova!"

PINGO DE LUZ ACABAVA DE NASCER!

Que alegria quando Pingo de Luz viu a sua mãe, o seu pai, a sua nova família.

Eles lhe deram o nome de Luiz, que é a mesma coisa que luz. E Pingo de Luz gostou muito de seu novo nome.

Ele foi crescendo. Brincava com as plantas e conversava com elas. Conhecia e era amigo das fadinhas, dos gnomos e dos duendes que trabalhavam ajudando as plantinhas em seu crescimento. Elas cresciam e davam frutos que alimentavam os homens.

Pingo de Luz conversava com os animais, com a água, com o Sol, com as estrelas, com a Lua, com a Terra.

Ele se sentia unido a tudo e a todos, e estava muito feliz.

Às vezes dava uma fugida da escola. Pegava uma carona na cauda de um cometa e ia visitar o seu Pai, aquela luz muito grande, e seus irmãos-luz.

Era mais fácil pegar carona à noite, enquanto dormia, em seus sonhos. Só que, às vezes, pela manhã ele se esquecia do que tinha acontecido. Isso, contudo, não tinha muita importância.

O que Pingo de Luz achava muito estranho é que a gente grande não via as coisas que ele via.

Se ele mostrava uma fadinha para uma gente grande, ela ria e dizia que ele estava inventando coisas, que aquilo não existia.

Se ele contava suas viagens nas caudas de cometas, suas brincadeiras com as estrelas, suas deslizadas pelo arco-íris, diziam:

– Este menino vive no mundo da lua!

Pingo de Luz ficava triste e confuso. Como podiam dizer isso, se era tudo verdade?

"Eu vejo minha amiga fadinha, falo com ela, e ela fala comigo. Ela me conta todos os segredos da natureza. Como não pode ser verdade?", pensava ele.

Realmente não conseguia entender muito bem o mundo da gente grande.

Pingo de Luz foi crescendo, crescendo, e cada vez menos ele via e conversava com seus amiguinhos da natureza.

Tinha deveres a cumprir e andava muito ocupado.

Depois que fez 7 anos, aí que as coisas se tornaram verdadeiramente difíceis.

Seus trabalhos aumentaram, e quase não tinha tempo para passeios.

Foi quando aconteceu uma coisa muito estranha.

Um dia, ele chegou em casa e viu que ela estava cheia de gente. Uns choravam, outros gritavam e outros corriam de um lado para o outro.

Ele entrou e procurou sua mãe.

Ela estava muito triste, com os olhos vermelhos de tanto chorar, e lhe disse que o seu irmãozinho tinha ido fazer uma viagem muito longa. E que ele não mais o veria. Pingo de Luz ficou espantado e perguntou:

– Mas para onde ele foi?

– Para o céu! – respondeu sua mãe, chorando.

Aí, Pingo de Luz ficou mais espantado ainda. E começou a pensar:

"Se meu irmão foi para o céu, por que toda esta confusão? E por que mamãe está tão triste?"

Pingo de Luz sabia que o céu era bom e que seu irmão estaria muito bem, junto de seu Pai e de todos os seus irmãos-luz.

Realmente não conseguia compreender. Aí ele escutou alguém falar a palavra "morte". Seu irmão havia "morrido".

Perguntou o que era aquilo. Não lhe responderam.

Tornou a perguntar para outras pessoas. E então lhe disseram:

– Seu irmão foi descansar.

"Mas ele não estava cansado", pensou Pingo de Luz.

– Foi viajar.

"Mas para onde foi viajar?", perguntava para si próprio o Pingo de Luz.

– Papai do Céu o levou porque ele era muito bonzinho.

Ele não via o seu irmão, não sabia onde estava e não conseguia compreender.

Ficou pensando, pensando.

"O que está acontecendo?", perguntava-se. "Eu vim aqui para aprender, no entanto eu faço perguntas e ninguém me responde direito. Acho que eu vou ter de descobrir tudo sozinho…"

E então Pingo de Luz começou a observar aquilo que os adultos chamavam de "morte". Mas, toda vez que ele achava que estava descobrindo, ao invés de encontrar a "morte" só encontrava a "vida".

Então começou a se perguntar: "O que é a vida? O que é a morte?

"Engraçado", pensou. "Parece que tudo é uma coisa só."

"Mas não pode ser. A gente grande tem pavor da morte, e, no entanto, adora a vida… Não compreendo. Mas vou descobrir!"

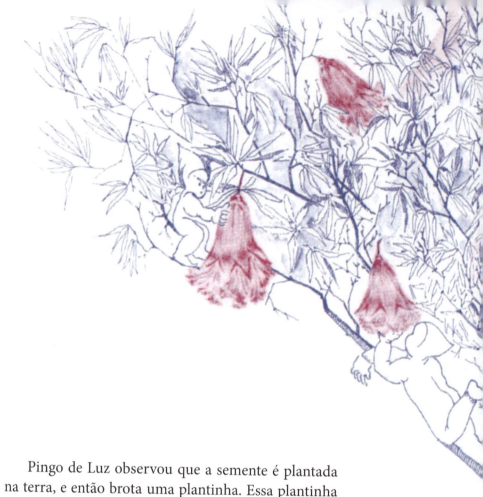

Pingo de Luz observou que a semente é plantada na terra, e então brota uma plantinha. Essa plantinha se desenvolve, cresce e vira uma árvore.

A árvore dá flores, e as flores, ao morrerem, transformam-se em frutos, que vivem em seu lugar.

Depois, o fruto cai, apodrece e morre, deixando em seu lugar a sementinha, que vive. Essa sementinha então é enterrada na terra para também morrer, dando à vida uma nova plantinha. E tudo começa novamente…

Pingo de Luz ficava pensando:

"Deve ser a mesma coisa com a gente. Por que não? A sementinha é enterrada na terra, vira árvore, que dá fruto, que dá outra semente, que volta de novo à terra para dar uma nova árvore.

"Meu irmão veio do universo, ficou aqui na escola Terra e deve ter voltado para casa.

"E deve ser essa volta para casa que a gente grande chama de 'morte.'"

Mas Pingo de Luz não tinha certeza.

O tempo foi passando, e Pingo de Luz virou gente grande.

Um dia encontrou uma gota de luz muito luminosa, toda cor-de-rosa, que brilhava mais quando estava perto dele.

Pingo de Luz se apaixonou por ela, e se casaram. Depois, tiveram muitos Pinguinhos de Luz.

A vida estava ficando difícil para o Pingo de Luz.

Agora ele era gente grande, tinha muitas preocupações e responsabilidades.

Tinha de trabalhar muito para dar comida, roupa, casa e estudos para os seus Pinguinhos de Luz.

Ele já não tinha tempo de brincar, rir, viajar nas caudas de cometas.

Aquela época em que brincava e conversava com as plantas e os animais estava distante.

Às vezes, à noite, quando Pingo de Luz dormia, ia visitar o seu Pai, aquela Luz muito grande. Conversava com o seu irmão que "havia viajado para longe", escorregava no arco-íris, brincava com as estrelas.

Mas, pela manhã, estava tão preocupado com o trabalho e com a necessidade de ganhar dinheiro, que já não se lembrava de mais nada.

Esqueceu-se até de onde veio e de que era um Pingo de Luz!

Foi ficando triste, triste.

Um dia sentiu uma dor forte na barriga.

Foi ao médico, e este lhe disse que estava com uma doença muito grave.

Pingo de Luz não acreditou. A vida estava difícil, ele andava muito triste, mas não queria morrer. Isso não! De jeito nenhum!

Então pensou: "Esse médico não sabe nada. Vou procurar outro mais competente!".

Foi não só em outro, mas em muitos outros. E todos diziam a mesma coisa: ele estava com uma doença muito grave!

Pingo de Luz ficou com muita raiva.

"Por que eu? Logo eu, que tenho meus filhos para criar! Eu, que sou tão honesto e trabalhador! Nunca fiz mal a ninguém! Por que eu?!"

Mas sua raiva de nada adiantou. Ele piorava a cada dia. O que fazer? Pingo de Luz lembrou-se então de que já ouvira falar em Deus.

Pensou: "Aí está a solução! Dizem que Deus faz milagres. Vou pedir a ele para me curar e, em troca, vou fazer uma porção de obras de caridade! Vou ajudar muita gente!".

Mas suas promessas também não adiantaram. Sua doença se agravava a cada dia. Pingo de Luz foi ficando cada vez mais triste. Não encontrava uma saída.

Ficou muito triste mesmo. E foi nessa tristeza que começou a entender as coisas.

De repente, ele já não estava mais triste.

Compreendeu que tudo se modifica. Lembrou-se da sementinha que virou árvore, que deu fruto, que virou sementinha outra vez. E aceitou que ele iria voltar para o lugar de onde tinha vindo.

Lembrou-se de seus irmãos que voltavam da escola Terra transformados de Pingos de Luz em luz forte, muito bonita e brilhante.

Então ficou tranquilo. Até gostava da ideia de voltar ao seu Pai, uma luz muito grande e forte.

O dia da viagem de volta foi chegando.

No dia mesmo, bem na hora da partida, Pingo de Luz teve um pouco de medo. Tudo ficou escuro, e ele não via uma saída.

Teve a mesma sensação de quando havia chegado à Terra.

Ele não queria sair da barriga de sua mãe, pois tinha medo de perder o conforto e a segurança que lá encontrava.

Agora, ele estava na barriga da Grande Mãe Terra, e tinha que sair também. Não tinha outro jeito.

Mas que surpresa! De repente, Pingo de Luz vislumbrou um longo túnel com uma forte luz lá no final. Ele não teve mais medo. Sentia alegria! Entrou quase correndo para dentro do túnel. Este já não era tão apertado quanto o primeiro, e ele não precisava fazer tanta força para sair por ele. Foi bem mais fácil.

Chegou finalmente ao fim do túnel. Que alívio! Que alegria!

Pingo de Luz se viu em um lugar muito maior e muito mais luminoso do que a escola Terra.

Lá havia muita gente para recebê-lo. Encontrou seu irmãozinho que havia viajado, parentes, amigos, uma porção de gente! Era uma linda festa, e Pingo de Luz estava muito feliz!

PINGO DE LUZ ACABAVA DE MORRER!

Pingo de Luz encontrou todos os seus irmãos-luz.

Estava de volta à casa de seu Pai, aquela luz muito grande. E foi mostrar a ele o diploma que trouxe da escola Terra.

Nesse momento, descobriu que já não era mais um Pingo de Luz.

Ele havia crescido, cursado a escola e aprendido muito.

Havia se transformado em uma luz forte, que brilhava e brilhava.

Estava exatamente como os seus irmãos-luz, que via quando pequeno, voltando da escola Terra, e que tanto admirava!

Pingo de Luz gostou tanto da escola Terra, que pediu ao Pai, uma luz muito grande, para deixá-lo trabalhar nesta escola, ajudando seus irmãos mais novos, os Pinguinhos de Luz.

Seu Pai consentiu. Hoje, Pingo de Luz é uma luz muito forte e brilhante que ajuda os seus irmãozinhos a se transformarem em outras luzes, também fortes e brilhantes. E todos os Pingos de Luz, unidos ao Pai, uma luz muito grande, irão iluminar todos os caminhos do universo.

Aí, então, não precisaremos mais de frequentar a escola. Como o próprio Pingo de Luz descobriu, tudo no universo se movimenta e se transforma. A escola Terra vai também se transformar, tornando-se um lugar maravilhoso, cheio de paz, alegria, amor e harmonia, onde a verdade e a justiça brilharão com todas as cores do arco-íris!

PARTE II

Depois de passar pelo túnel e chegar ao outro lado, Pingo de Luz encontra muitas pessoas que o recebem com grande carinho e atenção. Estão todos felizes por reencontrá-lo.

Seu irmãozinho é o mais feliz. Ele não consegue se conter de tanta alegria.

– Que bom, Pingo de Luz; você agora vai poder conversar livremente comigo. Desde que eu voltei para a nossa casa, tenho estado ao seu lado. Eu o acompanho em todos os momentos importantes de sua vida; só que para mim era fácil vê-lo, mas você não conseguia me ver, apenas me sentir! No dia do seu casamento, quando você se lembrou de mim com carinho, eu estava bem juntinho de você. Que linda Gotinha cor-de-rosa você escolheu para ser sua esposa! E, quando chegaram os Pinguinhos de Luz, fui eu quem os levou até você!

Pingo de Luz estava tranquilo, agora começava a compreender muita coisa.

Mas estava tão cansado... Foi ficando cada vez mais cansado, e caiu num sono profundo e reparador.

Ele não sabia dizer por quanto tempo dormiu, mas ao acordar estava ótimo! Não se sentia mais cansado. Ficou surpreso ao perceber que estava sadio. Não tinha mais nenhuma doença. Nunca havia se sentido tão bem em toda a sua vida. Seu corpo estava sadio e muito bonito; tinha certo brilho no qual não tinha reparado antes. Ou será que o brilho não existia antes?

Seres de luz, cheios de beleza e carinhosa vibração, aproximaram-se dele, aguardando que acabasse de despertar.

Agora ele estava bem acordado. Nunca estivera tão desperto assim antes. Parece que compreendia melhor, tinha mais facilidade de ver as coisas. Quase não precisava falar, entendia o que os seres de luz diziam a ele; era só pensar, e imediatamente era respondido. Pingo de Luz estava muito impressionado com tudo aquilo. Sentia-se muito bem.

Dois seres de luz se aproximaram mais ainda e o envolveram em luz, amor e compaixão.

Pingo de Luz nunca havia experimentado o amor daquela forma; ele estava imerso no puro amor. Que sensação deliciosa; ele também era só amor. Tudo era luz, nas cores mais lindas e suaves. Ele era envolvido por uma luz amarela, depois por uma verde; logo após por outra cor-de-rosa. E, assim, ia experimentando as diversas sensações despertadas pelas cores.

Sabia (sem saber como) que os seres de luz eram muito, muito familiares a ele. Era como se os conhecesse por toda a eternidade.

Pingo de Luz também sabia que eles, paciente e amorosamente, esperavam que ele se acostumasse com aquela nova realidade, e encheu-se de gratidão.

Quando Pingo de Luz estava mais habituado à nova realidade, notou que algo muito especial estava para acontecer.

Os seres de luz lhe perguntaram:

– Você se sente em condições de rever toda a sua vida na Terra?

Pingo de Luz disse que sim. Ele já havia dormido, descansado e já estava um pouco mais habituado com todo aquele amor, toda aquela luz.

Imediatamente, como por encanto, começou a assistir a um filme, um filme muito familiar: a sua vida.

Viu quando escolheu aquela luz muito brilhante e cor-de-rosa para ser sua professora. Viu sua vida dentro da luz. O susto que levou quando teve de sair de dentro dela. Depois, a surpresa de se ver num lugar muito amplo e bonito. Viu como se sentia unido a tudo e a todos durante sua infância. Percebeu que não era só uma sensação, era realidade; tudo era interligado. Somos parte deste maravilhoso universo de luz. Pingo de Luz percebeu como ter consciência disso é mais fácil para a criança do que para a gente grande. Todas as vezes que ele falava disso para os adultos, eles pareciam não o compreender.

Viu também como ele, ao tornar-se adulto, perdeu a compreensão de unidade com tudo.

Teve muita pena dos adultos por não permanecerem com coração de criança. Pingo de Luz viu todas as consequências dessa maneira de ver o mundo todo separado.

Viu os adultos derrubando as matas, matando os animais, poluindo os rios e agredindo seus irmãos. Não percebiam que estavam fazendo tudo isso consigo mesmos, pois também faziam parte da floresta, dos animais, de tudo. Enfim, estamos todos ligados; e o que afeta uma parte afeta o todo.

Pingo de Luz também compreendeu que todos os homens estavam aprendendo e que todos caminhavam para uma maior compreensão do universo. Sentiu imenso amor e compaixão por todos; especialmente por aqueles irmãos que ainda não haviam atingido esse grau de compreensão, que não percebiam como estavam em desarmonia consigo mesmos e com tudo. Eles sofriam; mas estavam firmes, caminhando.

Pingo de Luz sabia que um dia haveria paz e justiça na Terra; e se perguntou como as pessoas e todo o planeta poderiam ser ajudados.

Como já expliquei, as pessoas liam os pensamentos onde ele estava. Imediatamente foi respondido. Apareceu na tela a forma como as pessoas poderiam ser ajudadas. Pingo de Luz estava espantado.

Então era assim que se poderia ajudar as pessoas e o planeta?

Na tela apareceram os milhões de seres humanos que ainda não sabiam da realidade; como sombras um pouco escuras, como nuvens que anunciam uma chuva. Pingo de Luz viu outros milhões de pessoas que irradiavam luz de seus corações para eles. Além disso, percebeu que ao lado de cada sombra havia dois pontos de luz que também irradiavam para eles. Essas luzes – que vinham das outras pessoas –, somadas às duas luzes que cada pessoa tinha, ajudavam-na a enxergar e começar a ter compreensão das coisas.

Percebeu que toda aquela irradiação – que tanto bem fazia para todos – eram os pensamentos de paz, amor e caridade emitidos por pessoas que já tinham uma noção do todo, e que constantemente emitiam vibrações de amor e paz para os que estavam um pouco atrasados na jornada.

Pingo de Luz estava emocionado. Ao mesmo tempo percebeu que poderia ter ajudado muito as pessoas se soubesse disso antes, o que o deixou triste. Imediatamente os seres de luz transmitiram para ele que no lugar onde estava não havia espaço para tristeza, e que tudo aquilo era um aprendizado.

Agora sabia um pouco mais das coisas.

Foi se tranquilizando, até sentir novamente a vibração de amor e compreensão que vinha dos dois seres.

O filme continuou. Pingo de Luz estava muito interessado em tudo o que via e aprendia.

Apareceu a cena de quando seu irmãozinho voltou para a casa do Pai, o dia de sua morte. Viu tanta confusão! Viu os sentimentos das pessoas. Que engraçado! Os sentimentos têm cores! Tristeza, medo e ansiedade são escuros, feios; parece que poluem a Terra. Eram esses os sentimentos que estavam mais presentes naquela hora. De vez em quando, ele via uma luz cor-de-rosa, e compreendeu que era uma pessoa vibrando em amor.

Assistiu também ao seu irmãozinho tentando passar o túnel, e ficou surpreso ao notar que toda aquela vibração escura estava pesando o ar e dificultando a caminhada dele.

Ficou surpreso em perceber como as pessoas, naquela hora, só pensavam nelas. Não entendiam que seu irmão tinha que prosseguir sua jornada e precisava de ajuda.

Viu também o trabalho dos seres de luz, que ajudavam iluminando o caminho para seu irmãozinho.

Mais uma vez, Pingo de Luz ficou triste; perguntou-se o que poderia ser feito para ajudar as pessoas a compreender melhor a vida. A resposta veio de imediato. A cena mudou, e ele se viu aos 7 anos, pouco depois da partida de seu irmãozinho, perguntando o que era aquela confusão que os adultos chamavam morte.

Viu os passos que deu para compreender melhor tudo aquilo, as perguntas que se fez, suas observações da natureza, e notou que havia chegado à compreensão do que era morte.

Soube que morte não existe, que tudo é vida, pois, sempre que pensava ter encontrado a morte – por exemplo: no fruto que apodrece e cai –, achava a sementinha, que era uma nova vida!

Pingo de Luz estava satisfeito consigo mesmo, mas o filme continuou… Era muito interessante. Parecia que ele via, ao mesmo tempo, tudo o que havia acontecido em sua vida. Não era preciso apagar uma cena para aparecer outra, como estava acostumado a ver. Tudo estava ali, diante dele, ao mesmo tempo. Pingo de Luz achou isso muito curioso e interessante. Não conseguia achar uma explicação, mas estava acontecendo, e era muito mais fácil ver as coisas daquela forma. Resolveu aceitar.

Ao aceitar a realidade, entendeu que agora estava fora do tempo e do espaço; o tempo não existia mais!

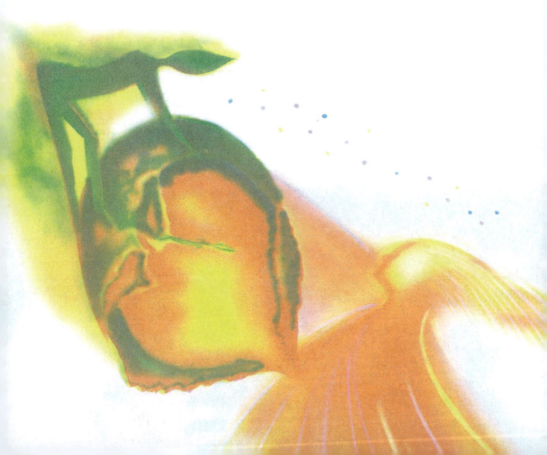

"Que coisa fabulosa! Estou fora do tempo, tudo é eterno!"

Mas a atenção do Pingo de Luz voltou-se mais uma vez para a cena que mostrava como ele tinha aprendido aquela lição. Ao mesmo tempo viu, bem mais na frente, durante sua doença, como se lembrou dessa lição e como isso foi importante para ele.

Quando percebeu que não iria ficar mais no Planeta Terra, que iria morrer, sentiu medo. Mas, ao se lembrar de que morte não existe, que é apenas uma volta à casa do Pai, tranquilizou-se.

Pingo de Luz pôde perceber, na hora da passagem, a importância desse fato. O sentimento de paz que o invadiu foi muito importante para ele. Então descobriu: sentimento tem cor; a cor da paz é uma luz branco-azulada, linda. Foi essa luz que lhe possibilitou perceber tudo o que estava acontecendo. Foi por causa dela que pôde ver as pessoas ao seu lado, aguardando-o.

Ficou muito contente e pensou: "E para quem não sabe disso? Como será essa hora da volta?".

O filme ficou maior, e Pingo de Luz viu muitas pessoas que nunca pararam para pensar nessas coisas chegando – na hora de voltar – confusas e com medo. Elas estavam tão cinza, como num nevoeiro, que não conseguiam ver as pessoas ao seu lado, prontas para ajudá-las.

– Que engraçado!

Pingo de Luz, a princípio, não entendeu bem o que via. Mas, prestando mais atenção, percebeu que muitas pessoas deixavam seu corpo físico sem perceber o que tinha acontecido. Que coisa esquisita: elas já não tinham um corpo, mas continuavam sem saber o que estava acontecendo.

Ficavam confusas, sem compreender. Essas cenas duraram um pouco. Depois ele viu as irradiações que eram enviadas para aquelas pessoas – iluminando ao seu redor –, até que elas pudessem ver um parente querido que lhes explicava o que havia acontecido e as convidava para seguir seu caminho com a ajuda dos seres de luz.

Mais uma vez, Pingo de Luz ficou surpreso ao ver como os sentimentos de amor, paz e serenidade – enviados para as pessoas que partem – são úteis e iluminam suas vidas.

Ele compreendeu que temos dois corpos: um físico, que serve de morada para o outro corpo, o espiritual. Viu que o corpo físico é apenas uma vestimenta feita do material do planeta. Na hora da partida, as pessoas deixam essa vestimenta, que é devolvida para a Terra. Ele sentiu uma imensa gratidão pelo seu corpo, que o serviu de maneira maravilhosa durante tantos anos.

Sentiu que, nesse assunto de corpo físico e corpo espiritual, ainda tinha muita coisa para aprender. Notou que seu espírito tinha outros corpos, ou melhor, outras vestimentas. Usava-as como num dia de frio, quando colocamos uma blusa por baixo da roupa, depois a roupa, e um paletó por cima.

– Que coisa estranha! Como eu nunca havia percebido isso antes?

Pingo de Luz desejou saber mais a respeito, e os seres de luz, com amor e paciência infinita, mostraram-lhe.

Viu outro corpo que cobria o físico: era um corpo colorido. Prestou bastante atenção e percebeu que era formado por suas emoções. Observou como era maravilhoso, cheio de luz. Quando sentia amor, quando desejava alguma coisa boa para as outras pessoas, ou então quando ajudava os outros, seu corpo emocional brilhava, brilhava... E, quando estava assim, todos os que se aproximavam dele recebiam aquela luz, que fazia muito bem a todos.

Pingo de Luz também viu como – nos momentos em que estava triste, com raiva ou com medo – o seu corpo emocional ficava feio, manchado e escuro. Então, estava compreendendo certo quando visualizava as emoções das pessoas; estava vendo o seu corpo emocional.

Ele soube que o Planeta Terra tinha uma nuvem cinzenta cobrindo-o. Ela era feita dos sentimentos negativos de muitas, muitas pessoas. Essa é a pior poluição que existe. Essa forma de poluição faz mais mal do que todas as outras. Ficou espantado com o que enxergava; mas, ao mesmo tempo, via muita luz vinda das pessoas que já haviam compreendido essas coisas.

Pingo de Luz pensou: "Que pena! As pessoas do Planeta Terra não percebem como elas estão criando sua própria escuridão".

Mas Pingo de Luz também sabia que isso estava mudando, que cada dia mais pessoas negativas passavam a ser positivas. Ficou muito contente e aliviado.

Para sua surpresa, notou que, depois de certo tempo que as pessoas chegavam à eternidade, também deixavam o corpo emocional, mas ainda tinham outro.

– Puxa vida! Que maravilha é o ser humano!

Pingo de Luz viu o outro corpo. O de algumas pessoas era muito bonito. Enxergava-os em camadas, umas em cima das outras, e todas interligadas.

Pingo de Luz sabia que precisava prestar muita atenção para compreender o que via. Ele se concentrou bastante, pois estava achando tudo muito interessante. Nunca poderia imaginar que havia tanta coisa para aprender.

Agora ele estava começando a compreender. Aquele outro corpo era formado pelos pensamentos das pessoas, pelas suas mentes.

Aí viu muita coisa assustadora, formas defeituosas e cores escuras. Ficou assustado ao notar o que era criado pelas mentes das pessoas.

Nesse ponto, os seres de luz chamaram sua atenção para a parte do filme que mostrava seus próprios pensamentos – todos os que tinha tido em sua passagem pela Terra.

Pingo de Luz foi ficando envergonhado. Não sabia o que fazer, de tão sem graça que ficou diante dos seres de luz e do que eles estavam vendo.

Visualizou como ele próprio havia contribuído para a poluição do planeta toda vez que sentia medo, insegurança ou raiva. Viu que a sua mente era quem criava suas emoções. Pensava alguma coisa e logo em seguida sentia algo. Por exemplo: pensava que estava difícil arranjar emprego e via-se desempregado, passando necessidade; imediatamente sentia ansiedade e medo. Compreendeu que ele próprio construiu a maior parte de sua vida com os seus pensamentos.

Pingo de Luz entendeu como aquilo funcionava; soube que, se quisesse ter um corpo emocional bonito, cheio de luz, teria que cuidar de sua cabeça. Pingo de Luz – além de envergonhado – ficou muito triste por não saber disso enquanto estava na Terra.

Os seres de luz, com ternura e aceitação, ajudaram-no a transformar aqueles sentimentos em amor e alegria. Foi-lhe mostrado, a seguir, os momentos em que teve bons pensamentos, pensamentos de paz, alegria e harmonia. Para seu espanto, viu que aqueles pensamentos positivos tinham uma força muito maior que os negativos e que, em pouco tempo, os apagavam.

Foi mostrado a ele que, durante a sua estada aqui no Planeta Terra, teve mais pensamentos positivos do que negativos e que, além de apagar a sua própria negatividade, contribuiu muito para apagar a dos outros.

O coração de Pingo de Luz se encheu de alegria. Ficou tão contente, que teve vontade de sair correndo e soprar no ouvido de cada pessoa: "Pense positivamente. Transforme toda a negatividade em amor e alegria!".

Estava tão eufórico com suas novas descobertas, que foi preciso, mais uma vez, que os seres de luz, com infinita paciência e amor, acalmassem-no.

Pingo de Luz só serenou quando os seres de luz lhe garantiram isto: depois que tivesse feito toda a revisão de sua vida e aprendido tudo, teria permissão de soprar no ouvido de todas as pessoas para transformar a negatividade em amor e alegria.

Nesse momento aprendeu mais uma lição, e foi uma das mais importantes. Viu que o sentimento de alegria era o mais brilhante e bonito. Compreendeu porque viu que a alegria é a expressão concreta do amor. É o amor manifestado em todos os corpos.

Mas Pingo de Luz não tinha muito tempo para se deter em cada novo ensinamento, pois o filme continuava passando à sua frente; e ele ainda tinha muito que compreender.

Voltou sua atenção ao corpo mental. Sua visão foi ampliada, e pôde ver o corpo mental das pessoas que já sabiam das coisas irradiando paz para as outras que ainda não sabiam.

Pingo de Luz ficou deslumbrado... Aquelas pessoas brilhavam num azul e amarelo maravilhoso! Ele queria ficar muito tempo vendo-as, mas não podia; tinha mais coisas para ver.

Pingo de Luz pensou: "Bom, temos um corpo físico, que é um veículo ou uma vestimenta que usamos. Temos um corpo emocional, que é formado pelas nossas emoções. Temos um corpo mental, que é formado pelos nossos pensamentos. É por isso que, de onde estou, vejo as pessoas coloridas: às vezes luminosas, às vezes escuras. Puxa vida, como o ser humano é maravilhoso! Eu já ficava deslumbrado com o meu corpo físico, com sua perfeição; e agora percebo que temos outros corpos que vestem o físico e também podem ser maravilhosos! Então é assim um ser humano?! Acho que agora compreendo um pouco mais de mim mesmo e dos outros".

Mal acabara de pensar, teve uma surpresa ainda maior.

Viu isto: depois que as pessoas deixam o corpo físico no Planeta Terra – este é feito de material da terra e nos foi emprestado; logo, devemos devolvê-lo ao seu verdadeiro dono –, elas usam o corpo emocional, que pode ser bonito ou feio, dependendo do que estão sentindo. Mas o corpo emocional também é deixado perto da Terra; usam, então, o corpo mental – que também pode ser bonito ou feio, dependendo do que estão pensando. E agora?

Nisso, Pingo de Luz presenciou a coisa mais maravilhosa jamais vista até então; tão linda, tão linda, que ele nunca poderia imaginar que existisse.

Ele se testemunhou deixando o corpo mental; aí seu verdadeiro ser apareceu! Pingo de Luz ficou até tonto com tanta luz, não sabia que era tão bonito! A maior surpresa foi sentir que uma das luzes que o acompanhavam era ele mesmo, só que não sabia disso. Agora ele e a luz eram uma coisa só. Pingo de Luz não tinha palavras para descrever o que via e sentia. Estava rodeado por um arco-íris luminoso que emitia um brilho especial.

Compreendeu que o arco-íris era formado por tudo de bom que havia feito, sentido e pensado durante sua estadia na Terra. Funcionava como um veículo que o transportava para mais perto do Pai.

Pingo de Luz ficou em silêncio. Um silêncio de reverência, amor e gratidão pelo Criador de toda esta maravilha. Ele estava profundamente emocionado. Nesse momento, realmente entrou em contato com seu verdadeiro ser, que é a mais pura luz do amor do Pai.

Aos poucos foi se recuperando de tanta emoção. Não é fácil saber que você é um ser de luz maravilhoso. Ele precisou de algum tempo para aceitar essa realidade.

Tão logo serenou, o filme continuou.

Pôde ver toda a humanidade – mesmo aqueles que estavam como nuvens cinzentas atrapalhando o belo – como seres de luz, iguais a ele. Só que, no momento, a beleza deles estava tampada pela nuvem de seus pensamentos e suas emoções, mas eles eram lindos também.

Soube disto: assim como, num dia de chuva, o sol está tampado pelas nuvens e não consegue brilhar, aquelas pessoas um dia brilharão com toda a força – quando a chuva passar –, e não vai demorar muito; até já começou a acontecer.

Pingo de Luz ficou muito feliz, pois sabia agora que todas as pessoas fazem parte de um todo, ao qual todos nós pertencemos. Como é que ele poderia brilhar se uma parte dele estivesse escura? Mais uma vez teve uma vontade enorme de dissolver todas aquelas nuvens escuras com a irradiação do seu amor e do amor das pessoas que sabiam das coisas.

Tinha aprendido tanto, que sentiu necessidade de fazer um intervalo para dar uma volta.

O filme parou. Ele se viu num lugar lindo: um grande jardim florido com muita grama e uma fonte luminosa, onde as pessoas passeavam tranquilamente. Era exatamente daquilo que ele estava precisando no momento.

Sentou-se em um banco perto da fonte luminosa e ficou escutando o barulhinho da água, ouvindo o canto dos pássaros, sentindo o perfume das flores. O ar era tão leve... Ele nunca se sentira tão bem em toda a sua vida. Não percebeu quanto tempo ficou naquele lugar. Só sabia que era daquilo que precisava.

Sentiu que estava pronto para voltar à sala de projeções e continuar a assistir ao filme. Ele estava curioso para ver o que mais iria aprender. Já havia aprendido tanto... Mas alguma coisa lhe dizia que tinha ainda muito que aprender.

Nessa hora foi acompanhado por apenas um ser de luz, pois o outro era ele mesmo. Sabia disso.

Pingo de Luz chegou à sala, acomodou-se, e logo o filme começou de novo. Foi assistindo à sua vida, observava tudo e continuava aprendendo.

De repente veio uma pergunta em sua cabeça: "Como é a chegada daquelas pessoas que não esperaram a hora e decidiram vir para cá quando elas mesmas quiseram?".

Tão logo acabou de pensar, apareceram na tela essas pessoas; chegando à eternidade por conta própria. Ele ficou muito atento... Observou que tinham dificuldade de receber ajuda, pois na hora da partida estavam com sentimentos de tristeza; quiseram partir por achar que não estava bom no Planeta Terra. Por causa desses sentimentos, ficavam escondidas dentro de uma nuvem cinza; mas as vibrações de amor e paz de outras pessoas logo clareavam o caminho, e elas podiam ver os seres de luz que estavam ali para ajudá-las. Até aí era a mesma coisa que acontecia com todo mundo.

Pingo de Luz continuou concentrado.

Viu a hora em que as pessoas assistiam ao filme de suas vidas. Aí, à medida que iam compreendendo as coisas, percebiam a bobagem que tinham feito. Descobriam que haviam largado o corpo físico, que não era a causa de seus sofrimentos; mas tinham ficado com o emocional e o mental. Percebiam que ali é que estava a sua tristeza, e esses corpos elas não podiam largar quando quisessem. Viam tudo ao mesmo tempo, fora do tempo; viam que aqueles momentos de tristeza eram como nuvens passageiras, que teriam ainda muita oportunidade pela frente e que agora haviam perdido tudo.

Que pena! Pingo de Luz viu que era o mesmo que uma pessoa que desiste de um curso no meio, abrindo mão de uma carreira cheia de sucesso e felicidade.

O mais doloroso e difícil era ver o sofrimento dos que ficaram, seus entes queridos. As pessoas percebiam que elas contribuíram muito para aumentar as nuvens cinzentas do planeta; pois deixaram, atrás de si, dor e desolação. Viam como era difícil para as pessoas que as amavam aceitar aquele ato. Mais doloroso ainda era ver que agora não tinha mais jeito, não se podia voltar ao corpo físico, pois ele já não tinha condições de ser usado.

Pingo de Luz teve uma imensa compaixão por aquelas pessoas. Após a chegada, elas compreendiam que a morte não existe; que a vida continua; que, em vez de acabar com o seu sofrimento, elas o aumentavam ainda mais, cortando a possibilidade de uma volta reparadora para seguir o plano divino.

Era o maior sofrimento que ele já tinha visto em sua vida.

Pingo de Luz vibrou forte em amor e alegria para elas, e viu que muitos seres no Planeta Terra e na eternidade também estavam fazendo isso.

Nesse ponto, notou que precisavam aguardar o dia certo de chegar à eternidade, pois tudo no universo é perfeito, tudo funciona dentro de leis muito bem-feitas, e ninguém consegue atrapalhar essa perfeição.

O que iria acontecer com aquelas pessoas? Ele estava curioso, então ficou mais atento ainda.

Viu as vibrações de amor chegando para elas, envolvendo-as e formando um manto macio, aconchegante. Elas sentiam muito sono e logo dormiam profundamente. Enquanto isso, as vibrações de amor continuavam a envolvê-las.

Ficavam naquele sono até o momento de sua chegada à eternidade. Aí, despertavam e continuavam a jornada em direção à luz, sendo acompanhadas pelos seres de luz. (Elas não sabiam ainda que estavam ligadas, por um fio, a um dos seres de luz, que era elas mesmas.)

Assistindo ao filme da vida, elas tinham muito mais dificuldades que as outras, as que esperavam o tempo certo. Mas, apesar de ser mais difícil e demorar mais, finalmente entravam de novo em harmonia consigo e com tudo no universo.

Pingo de Luz viu como o amor do Pai é para todos. É como o Sol, que a todos ilumina; e com que carinho e ternura Ele atende àqueles que se desviaram um pouco das leis universais!

Então percebeu que existe um plano muito grande para todos nós, e, se nos deixarmos guiar por ele, tudo fica mais fácil, o caminho é mais suave. Mas, se nos desviarmos dele, vamos passar dificuldades. A caminhada fica mais difícil; mas acabamos retornando ao trajeto traçado para nós. Não estamos sozinhos nesta jornada; muitos seres de luz nos acompanham.

E por falar em seres de luz, só agora é que Pingo de Luz despertou para aquele que o acompanhou durante todo o seu caminho.

Mas que coisa! Ele estava tão envolvido com as novidades, que não se preocupou em saber quem era aquele ser. Agora desejaria, e muito, conhecê-lo um pouco mais. À medida que pensava nele, um sentimento de amor profundo, misturado com ternura, alegria e gratidão, foi tomando conta do Pingo de Luz.

Como em uma revelação, o ser de luz começou a se mostrar bem suavemente, para não o assustar; porque ele é uma luz imensa, maravilhosa!

Pingo de Luz não podia acreditar no que via. O ser de luz foi se mostrando como um enorme anjo, e falou assim:

– Eu sou o seu anjo da guarda! Desde o momento em que você decidiu ir para o Planeta Terra, para aprender, eu fui escalado pelo Pai para ir com você. Para mim, foi uma oportunidade maravilhosa, pois vivo para ajudar as pessoas. Você me permitiu viver o sentido da minha existência. Eu o acompanho como um companheiro amoroso. Quantas vezes evitei dificuldades para você, soprando no seu ouvido: "Não faça isto…" "Siga este caminho…" etc. Você estava dentro do tempo, e eu estava dentro e fora, então podia ver tudo ao mesmo tempo. Assim, podia avisá-lo dos perigos e ajudá-lo a se manter no caminho certo. Estou muito feliz por ter sido seu anjo da guarda. Você cooperou muito comigo! Considero um sucesso a nossa viagem. Agora tenho de ir me apresentar à pessoa que me orienta, que é um ser maravilhoso, repleto de luz; chama-se Maria, a grande Mãe de todos.

Pingo de Luz estava muito emocionado; sentia uma enorme gratidão e amizade pelo seu anjo da guarda.

– Espere! Eu quero saber mais sobre você e todos os anjos. Sinto um amor imenso por você e também muita gratidão. Por favor, quero conhecê-lo melhor, e a todos os seus companheiros.

A atenção de Pingo de Luz se voltou para a tela, e ele viu coisas que antes não percebera.

Viu todo o Planeta Terra: suas paisagens maravilhosas; os seres humanos, que são seres de luz (mas alguns se escondem dentro de uma nuvenzinha cinza); o reino animal; o reino vegetal; o maravilhoso reino mineral. Todos os reinos trabalhavam em conjunto, uns ajudando aos outros. Só de vez em quando é que o reino humano agredia os outros reinos. Pingo de Luz sentia vergonha toda vez que presenciava isso, mas sabia que tudo mudaria em breve.

Agora ele via com clareza um reino que não tinha percebido antes. Era o reino angélico. Que coisa maravilhosa! Observava os anjos trabalhando ativamente por todo o planeta. Eles ajudavam os diversos reinos no seu desenvolvimento. Viu os anjos da guarda acompanhando os seres humanos; mas também notou anjos ajudando no desenvolvimento das plantas, dos animais e dos minerais.

Descobriu que os anjos são pura luz; e a luz que eles irradiam ajuda todo o planeta a se desenvolver.

– Puxa vida! Como fui me esquecer? Quando cheguei à Terra sabia disso tudo. Eu via os anjos e outros seres, como as fadinhas e os gnomos. Depois me esqueci de tudo. Ainda bem que isso não aconteceu com você, meu anjo da guarda! Se tivesse se esquecido de mim, assim como me esqueci de você, eu estaria perdido!

Seu anjo da guarda sorriu e disse que nunca se esquece de guardar quem lhe foi confiado e está sempre presente junto da pessoa.

Pingo de Luz continuou a observar, e viu um imenso anjo verde. Esse anjo tinha ao seu redor todos os tons de luz verde que se possam imaginar, e era seguido por muitos e muitos anjos que o ajudavam em seu trabalho. Ele e seus auxiliares penetravam nos hospitais e nas casas das pessoas que estavam doentes. Quando chegavam, logo começavam a trabalhar. Pingo de Luz estava muito interessado em saber como isso funcionava.

Viu uma coisa muito interessante que ele ainda não sabia. A pessoa tinha uma doença no corpo físico, mas não era ali que estava a enfermidade; era no corpo emocional ou mental.

A doença que Pingo de Luz via era como uma mancha escura no corpo emocional ou mental, que refletia no corpo físico.

Viu os anjos curarem, com sua luz, o corpo emocional e/ou mental das pessoas.

Às vezes, o corpo físico também ficava curado. Outras vezes precisava ser devolvido à Terra, e as pessoas partiam; mas o trabalho de cura estava feito. Elas chegavam à eternidade sadias.

O anjo que comandava todos os outros chama-se Arcanjo Rafael.

Pingo de Luz viu algumas pessoas que estavam doentes chamarem o Arcanjo Rafael; imediatamente ele as atendia. Mais uma vez teve vontade de soprar no ouvido das pessoas: "Quando você estiver doente, chame o Arcanjo Rafael!".

A cena mudou. Pingo de Luz via muita coisa escura, muitas nuvens; não eram mais cinza, e sim pretas. Percebeu que era uma guerra. Ficou aflito! Mas de repente viu chegar outro anjo, imenso, cheio de luz branca com raios dourados, azuis e rosa. Esse anjo estava acompanhado de milhões de outros anjos, e começaram logo o trabalho de dissolver toda aquela escuridão, de transformar tudo em luz.

Pingo de Luz compreendeu que o anjo da paz e seus auxiliares estão sempre prontos para transformar a negatividade em amor e alegria. Basta evocar esse anjo, que ele vem de imediato, trazendo consigo luz e amor.

Pingo de Luz respirou aliviado.

Então ele se voltou para seu anjo da guarda, o amigo fiel, companheiro de todas as horas. Envolveu-o em amor, alegria e gratidão, e foi envolvido pela luz maravilhosa que veio do anjo.

Os dois se abraçaram, vibrando em ternura e carinho.

Pingo de Luz estava muito, muito feliz! Estava felicíssimo por ter compreendido muita coisa; por ver que, apesar das nuvens cinza, a luz que vem do amor e da alegria é muito mais forte!

Nesse momento teve uma visão universal do Planeta Terra, com todos os seus reinos – humano, animal, vegetal, mineral e angélico – trabalhando em perfeita cooperação amorosa para a evolução de todos!

Pingo de Luz percebeu que ainda tinha muito que aprender de si mesmo e de todos os reinos; por ora necessitava de certo tempo para se recuperar de todas essas emoções.

Viu o Planeta Terra – este imenso espaço azul – flutuando no cosmos como uma enorme bola de cristal que refletia a luz do Sol e a devolvia ampliada para o universo, com todas as cores do arco-íris; a mesma luz do Sol e a de todos os reinos da grande Mãe Natureza.

Pingo de Luz se curvou em reverência diante de tanta beleza e perfeição.

Para depois da leitura

1. Quem é na história:
O Pai? _____
A primeira professora do Pingo de Luz? _____
A Gotinha Cor-de-rosa? _____

2. Como Pingo de Luz começou a entender o que é morte?
_____
_____
_____

3. Você também já observou o que é vida e o que é morte na natureza?
_____
_____
_____

4. À noite, nos seus sonhos, você brinca de escorregar no arco-íris?
_____
_____
_____

5. O que acontece em seus sonhos?
_____
_____
_____

6. Para onde foi o irmãozinho de Pingo de Luz?
_____
_____
_____

7. Por que Pingo de Luz se esqueceu de que era um Pingo de Luz?
_____
_____
_____

8. Complete as seguintes frases:

A semente é enterrada _____ para dar _____ a uma nova plantinha.

Essa plantinha _____ uma árvore.

Essa árvore dá _____ que geram outra _____

As plantinhas _____ como a gente.

9. Você compreendeu o que é morte? Explique.
_____
_____
_____
_____

10. O que vai acontecer com a escola Terra quando ela estiver toda iluminada?

_____
_____
_____

11. Qual foi a primeira pessoa que Pingo de Luz encontrou depois que atravessou o túnel?

Foi _____

12. Como Pingo de Luz vê o universo?

☐ Todo integrado

☐ Meio separado

☐ Meio interligado

13. Por que é importante pensar e desejar coisas positivas?

_____

14. O que acontece com as pessoas que têm raiva, medo e tristeza?

_____

15. Em que momentos Pingo de Luz se sentiu envergonhado do filme de sua vida?

_____

Por quê? _____

16. Qual o anjo que cuida das pessoas doentes?
É o anjo _____

17. De que cor é o anjo da paz?
Ele é _____

18. Quais as cores das seguintes emoções?

Raiva: _____ Tristeza: _____

Medo: _____ Alegria: _____

Amor: _____

19. O que você pode fazer para ajudar as pessoas que estão dentro da nuvem cinza?
_____

20. O que "Pingo de Luz" queria soprar no ouvido das pessoas?
_____
_____
_____
_____

21. Quais reinos você conhece?
_____
_____
_____
_____

22. O que você achou desta historinha da Tia Gisa?

_____
_____
_____
_____

Esta história foi escrita pela Tia Gisa, ilustrada pela Tia Suely e preparada pela Editora Vozes, especialmente para VOCÊ.

Perguntas

Como orientar a criança quando um ente querido dela volta para a casa do Pai?

No decorrer da minha vida profissional, muitos pais, professores e outras pessoas têm recorrido a mim quando não sabem como agir com a criança diante da perda de um ente querido ou de um coleguinha.

A leitura da primeira parte de *Pingo de Luz* pode auxiliar nesse momento urgente, abrindo um diálogo sobre o tema. Em geral, devemos explicar o que está acontecendo, desde que a criança já consiga prestar atenção nas histórias lidas para elas. Se o adulto não souber a resposta às perguntas da criança, basta dizer que também não sabe, mas vai buscar descobrir.

No caso de a criança ainda não ter sido orientada sobre a morte, a primeira coisa a fazer é ouvir o que ela sabe e pensa do assunto. Muitas crianças já têm várias ideias sobre a morte, mas, em geral, não falam, a menos que perguntemos. É importante ouvir para não dar informações que elas já saibam. Crianças podem nos surpreender com uma compreensão grande das coisas desde muito cedo.

Dito isso, é importante entender em qual faixa-etária a criança deve ser orientada sobre a vida e a morte. Em geral, é possível falar sobre o tema a partir dos 2 anos, mas cada criança é de um jeito. Independentemente da idade dela, é preciso conversar como se ela compreendesse o que de fato acontece; não devemos usar uma linguagem infantil, mas sim dialogar de forma clara e compreensível para qualquer pessoa.

Digo isso porque não existem crianças, existem espíritos – que não têm idade, pois estão fora do tempo e do espaço, habitando um corpo de criança. Desde o ventre materno, a criança já tem consciência. Vi isso muitas vezes em minha vida profissional, no trabalho de regressão intrauterina, quando as pessoas sabiam com detalhes o que havia ocorrido com a mãe no período de gestação. Tivemos muitas vezes a oportunidade de confirmar essas informações com os familiares.

Existem pesquisas científicas que mostram que a nossa consciência existe independente do corpo físico, são experiência de regressão intrauterina e Experiências de Quase Morte (EQM).

Oriento as mães a conversar com seus filhos durante a gestação. Se nesse período ocorre uma morte na família, a mãe deve falar sobre o tema com o(a) filho(a) e explicar por que está triste. É importante dizer que aquilo não tem a ver com a criança.

Nesse momento, cabe justificar por que ficamos tão tristes com a partida de alguém que amamos – ou mesmo de um desconhecido –, mesmo sabendo que a morte não existe. Pode-se dizer que, quando estamos longe de um ente querido, sentimos sua falta. Se ele vai viajar, sabemos que ele está bem, mas estamos tão acostumados com a presença dele, que sentimos sua falta e ficamos tristes; o mesmo acontece com a morte.

Segundo a física moderna, tudo no universo é interligado, não há separação, somos um. Também as religiões apresentam ideia parecida. Digo que o Cristo falou sobre as leis da física moderna muito antes de ela ser descoberta. Quando Ele diz que somos ramos de uma mesma parreira, ou somos todos irmãos, ou somos o corpo de Deus, Ele fala dessa unidade.

Por que ficamos tão tristes com a partida de um ente querido? Como explicar isso para uma criança?

Por várias razões, nossa cultura não nos ensina a conviver com a morte; sempre estamos com receio de perder, sendo que as perdas fazem parte da vida. Por isso, quem teme a morte teme a vida. A pessoa que teme a morte não está preparada para perder em geral. Estar preparado não quer dizer não sofrer diante de uma grande perda, o sofrimento é natural, e expressar nossos sentimentos nesses momentos é sadio e necessário. Estamos acostumados com a pessoa e de repente ela desaparece da nossa vida, então é normal ficarmos muito abalados. Temos nossos apegos, nossas inseguranças, nossos medos, faz parte da vida. Ao trabalhar para lidar de forma sábia com essas emoções é que evoluímos. A morte é uma grande mestra, pois nos confronta com todas essas emoções, somos forçados a encarar tais dificuldades em uma proporção extrema. Normalmente, quando choramos a perda de uma pessoa, estamos chorando por nós mesmos. Quando conseguimos trabalhar uma grande perda, estamos preparados para lidar com as perdas menores.

Neste mundo não temos segurança de nada, estamos vivos e no minuto seguinte podemos estar mortos. Se não existe segurança, também não existe insegurança. A física moderna nos diz que nada acontece por acaso, que existe uma força maior que cuida de tudo, especialmente de nós, pois fazemos parte dela. Devemos deixar a vida fluir, vivendo cada momento como se fosse o último e sendo feliz. Conviver com a falta de alguém é muito difícil, mas devemos nos lembrar de que conviver com a pessoa que partiu foi muito bom.

Sempre pergunto a meus clientes que perderam um ente querido: "Se você soubesse que essa pessoa querida iria voltar para a casa do Pai antes de você, mesmo assim você iria querer que ela participasse da sua vida?". A resposta é sempre sim.

Em síntese, devemos explicar para a criança que todos sentem falta de um ente querido, queremos sempre estar perto, ver e tocá-lo, e agora não vamos mais poder fazer isso. É como em uma viagem, o nosso ente querido viajou de volta à casa do Pai, sabemos que, quando voltarmos para lá, vamos nos encontrar novamente, mas mesmo assim ficamos tristes, e, quando estamos tristes, devemos chorar, ficar mais quietos, procurar carinho e aconchego dos nossos queridos. A dor vai passar, e vamos ter só boas lembranças da pessoa que fez a viagem de volta. Faz parte da vida. Isso é suficiente, assim estamos ensinando a criança a viver, a lidar com as perdas da vida e a expressar suas emoções. Devemos sempre perguntar a ela se ela quer saber mais alguma coisa, é sempre bom devolver a pergunta, muitas vezes ela já tem uma resposta e quer confirmação ou está nos testando. É importante responder com simplicidade, usar poucas palavras e, principalmente, ouvi-la, perguntar o que ela sente e pensa, muitas vezes nos surpreendemos com suas colocações. Eu, pessoalmente, aprendo muito com as crianças.

O que fazer quando a criança perde um pet de estimação?

A orientação é a mesma que de quando ela perde um ente querido, pois, para a criança, a dor de perder um pet é a mesma. Devemos explicar que os pets também têm um tempo para ficar aqui, assim como os seres humanos.

É preciso sempre respeitar a dor da criança frente à perda de um animal de estimação. É comum as pessoas, com o intuito de amenizar essa dor, dizerem que é apenas um animalzinho, que a perda não é grande, mas isso piora a situação. Os pets, principalmente os cães, são muito amorosos e despertam nas crianças o que elas têm de melhor, ajudando-as a acessar o amor que têm em seus corações.

É comum o adulto não querer que a criança tenha outro pet, para evitar mais sofrimento quanto ele partir. Isso também não deve ser feito. Tão logo a criança manifestar o desejo de ter um novo pet, é importante providenciar outro, o que vai ajudá-la muito a conviver com o luto. Ninguém é substituível, o outro pet não vem ocupar o lugar do que se foi, ele vem preencher a necessidade da criança de amar e ser amada incondicionalmente.

Tentar evitar o sofrimento é impossível, pois ele faz parte da vida e é um grande mestre. É claro que não devemos procurar o sofrimento, mas, quando ele vem, precisamos aceitá-lo e conviver com ele da melhor maneira possível. O sofrimento passa; tudo neste mundo passa – é a lei da impermanência. Os momentos bons também passam, não dá para dar um "pause". A vida é assim, e ela nos ensina a ter sabedoria para lidar com todos os momentos que nos propicia.

Devemos permitir que a criança fique junto do seu ente querido que está muito doente?

Isso vai depender de cada circunstância, bem como da idade e maturidade da criança. A criança vem para este mundo com uma sabedoria inata, que vai perdendo à medida que vai se socializando. Conheço crianças que insistiram em ficar na cama do avô até ele fazer a passagem, o que foi bom para o avô e para ela. Nesse caso, o adulto tem que avaliar a situação, mas sabendo que é salutar tanto para o pequeno quanto para o enfermo. A criança sempre deve ser ouvida e estar a par de tudo que está acontecendo, não devemos mentir para ela. O adulto deve avaliar todo o contexto. Se for possível a criança acompanhar o enfermo, é sempre salutar para ambos.

Devemos ou não deixar a criança participar do velório?

Essa questão aparece quando a criança já tem uma certa maturidade e demonstra o desejo de participar. Devemos sempre a ouvir; se ela quer participar, deve participar, isso não a prejudica, desde que tenha um adulto preparado para estar junto dela, esclarecendo as suas dúvidas.

Geralmente as crianças não falam de seus sentimentos, o adulto que as acompanha é quem deve perguntar se ela tem alguma dúvida. É importante que o acompanhante seja alguém de quem criança gosta e que não esteja muito abalado. Se os pais puderem desempenhar esse papel, melhor.

Devemos permitir que a criança veja o sepultamento?

Vai depender, novamente, das circunstâncias, da maturidade e da vontade da criança. Geralmente é melhor que ela não presencie o sepultamento, pois é algo que levanta muitas questões ao mesmo tempo na cabecinha dela. De toda forma, devemos explicar a ela que o corpo físico daquela pessoa vai ser devolvido à Terra. O corpo físico vem da Terra e a ela deve ser devolvido quando o ser que o habita, o corpo de luz, ou seja, a pessoa, já voltou para a casa do Pai.

Sempre nos surpreendemos com a reação dos pequenos, vou relatar aqui um caso. Uma criança de 9 anos viajava com a família quando presenciaram um acidente de trânsito bem à sua frente, no qual um dos carros rolou pela ribanceira. O pai da criança era médico e logo saiu do carro para socorrer as pessoas envolvidas; a criança também desceu e foi acompanhando-o. Ele ficou na dúvida, pois não sabia o que iria encontrar, se a criança poderia ficar chocada, então disse a ela que era melhor aguardar no carro. A criança respondeu: "Você não tem o direito de me impedir de viver esta experiência de vida!". Depois disso, ele levou a criança consigo. Realmente havia pessoas muito machucadas, mas a criança observava tudo com muita atenção, sem se impressionar. Como disse vai depender muito das circunstâncias, o adulto é quem tem de decidir, na hora, o que fazer.

O que dizer se a criança perguntar por que estão enterrando a pessoa, se ela não vai sofrer, ficar com medo, com frio?

É uma questão muito delicada que geralmente pega os adultos de surpresa. Devemos explicar que o nosso corpo físico é como uma vestimenta e que temos também um corpo de luz, que usa essa vestimenta. Como o corpo físico pertence à Terra, temos de devolvê-lo a ela quando chega a hora de voltar para a casa do Pai.

Deve-se explicar que temos de cuidar muito bem do nosso corpo físico, mas ele não define quem somos: nossa essência vai além dele; somos um corpo de luz vestindo um corpo físico, e somos filhos do Pai, que é aquela Luz muito grande e brilhante. É como usar uma roupa durante o dia e à noite se trocar e vestir a roupa de dormir. Aquela roupa que você tirou não é você: você a usa, mas não é a roupa. Depois que o seu corpo de luz a deixar para trás, os seus sentimentos e os seus pensamentos continuarão com você. O corpo físico, contudo, já não sente, não pensa, não fala, não anda, não tem fome. Ele é enterrado e volta para a terra, servindo apenas para este planeta.

Uma metáfora possível para explicar essa dinâmica é a seguinte: quando você vem para o Planeta Terra, vem com o corpo de luz, escolhe sua mãe e vai para a barriga dela, que vai criando o corpo físico, sua vestimenta durante o tempo em que estiver nesta escola chamada Terra. A princípio ele é pequenininho, aí você nasce, é cuidado e alimentado pela sua mãe e se torna um corpo físico de adulto. Quando chegar a hora de voltar para a casa do Pai, o seu corpo de luz, que é você, sai do corpo físico e faz o retorno – que é tudo de bom. Nessa hora, todos estaremos juntos com o nosso Pai, muito felizes, tendo aprendido muito na escola Terra.

Também podemos usar outras metáforas, como a da borboleta (corpo de luz ou espiritual) que deixa o casulo (corpo físico ou material) para voar de volta à casa do pai.

O que dizer se a criança perguntar se morrer dói?

Você pode responder que não. É como acordar pela manhã, mas você está em outro lugar, muito bonito, cheio de luz, com muitas flores, e vai se encontrar com seus queridos que já voltaram antes de você para a casa do Pai.

Essa informação tem como base os ensinamentos das principais tradições espirituais e os relatos de quem viveu uma morte clínica (EQM). Todos relatam que o momento da morte não é doloroso; antes da morte a pessoa pode passar por sofrimentos, mas no momento da passagem, não.

Que outros recursos temos para ajudar a criança nesses momentos de perda e sofrimento dos adultos?

É muito bom pedir a ela que desenhe nesses momentos, assim ela expressará os seus sentimentos. Temos um recurso muito eficiente, é o desenho da mandala (que em sânscrito quer dizer "círculo").

É um recurso muito simples, mas precisamos ter o material adequado, que é o material para colorir como giz de cera, giz pastel ou lápis de cor e algumas folhas de papel. A folha maior é melhor. Devemos fazer um círculo a lápis no meio da folha, usando um prato fundo para isso. Se for na folha menor, use um prato de sobremesa. Se você não tiver o material adequado, pode usar o que estiver disponível, o importante é ter o círculo no centro da folha. Não é necessário ficar só dentro do círculo, ele pode ser ignorado, pois já cumpriu sua missão de estimular o inconsciente a funcionar de forma circular.

O círculo que caracteriza a mandala é um estímulo para o nosso inconsciente, que funciona de forma circular. Os estudiosos das tribos chamadas "primitivas" perceberam que, quando a tribo era ameaçada por guerras ou epidemias, sua população fazia muitos desenhos em forma circular. Então eles descobriram que tudo é energia, somos energia. Quando a pessoa está bem, sua energia funciona de forma circular. Ela é muito usada no oriente como instrumento de meditação. No ocidente, encontramos muitas mandalas nas logomarcas de produtos comerciais.

Popularmente, quando estamos bem, dizemos: "Estou *inteiro*, "Estou *pleno*". O círculo não tem princípio nem fim e se autoabastece. Quando estamos doentes ou sofremos algum abalo emocional, nossa energia se dispersa, e nos sentimos mal, deprimidos ou mesmo desestruturados. Nessas horas, costumamos dizer: "Estou em *pedaços*" ou "Estou um *caco*".

Quando vemos uma folha em branco com um círculo no meio, estimulamos as energias do nosso ser a voltar a funcionar de forma circular, recolhendo nossas energias dispersas. A mandala nos integra, torna-nos uno novamente e fortes para viver o que temos que viver, por isso ela é curadora. Ninguém sabe quem inventou a mandala, ela é tão antiga quanto o ser humano, é encontrada nas pinturas das cavernas e em muitos outros lugares; é uma maneira intuitiva que o ser humano usa para se fortalecer.

Tudo isso vale para os adultos também. Na minha vida profissional, uso a mandala há muitos anos e tenho presenciado muitas curas realizadas através desse recurso. A mandala é considerada uma técnica de autoterapia e pode ser usada por qualquer pessoa. Ela nos integra, fortalecendo-nos e nos tornando inteiros. Só o fato de desenhar, mesmo que sejam rabiscos, já é integrador. Cor é emoção, e nós expressamos nossas emoções através das cores.

Por fim, é importante lembrar que a criança não tem problemas com a morte, ela entende que é natural e faz parte da vida. Tive ocasião de constatar isso ao acompanhar muitas crianças em seus momentos finais, quando trabalhei na pediatria do Hospital das Clínicas e na Santa Casa de Misericórdia de Belo Horizonte.

Desejo que o Pingo de Luz e estas orientações finais possam ajudar a todos aqueles que são comprometidos com o sentido maior da vida, que é conhecer a nossa realidade e aprender sempre, evoluir, para nos tornarmos unos com o nosso Pai, o Criador Supremo.

Conecte-se conosco:

f facebook.com/editoravozes

◉ @editoravozes

𝕏 @editora_vozes

▶ youtube.com/editoravozes

◉ +55 24 2233-9033

www.vozes.com.br

Conheça nossas lojas:

www.livrariavozes.com.br

Belo Horizonte – Brasília – Campinas – Cuiabá – Curitiba
Fortaleza – Juiz de Fora – Petrópolis – Recife – São Paulo

  Vozes de Bolso

EDITORA VOZES LTDA.
Rua Frei Luís, 100 – Centro – Cep 25689-900 – Petrópolis, RJ
Tel.: (24) 2233-9000 – E-mail: vendas@vozes.com.br